Vehículos al rescate

# Las ambulancias

por Bizzy Harris

# Ideas para padres y maestros

Bullfrog Books permite a los niños practicar la lectura de textos informativos desde el nivel principiante. Las repeticiones, palabras conocidas y descripciones en las imágenes ayudan a los lectores principiantes.

## Antes de leer
- Hablen acerca de las fotografías. ¿Qué representan para ellos?
- Consulten juntos el glosario de las fotografías. Lean las palabras y hablen de ellas.

## Durante la lectura
- Hojeen el libro y observen las fotografías. Deje que el niño haga preguntas. Muestre las descripciones en las imágenes.
- Léale el libro al niño o deje que él o ella lo lea independientemente.

## Después de leer
- Anime al niño para que piense más. Pregúntele: ¿Has visto o has escuchado alguna vez una ambulancia?

Bullfrog Books are published by Jump!
5357 Penn Avenue South
Minneapolis, MN 55419
www.jumplibrary.com

Library of Congress Cataloging-in-Publication Data

Names: Harris, Bizzy, author.
Title: Las ambulancias / Bizzy Harris.
Other titles: Ambulances. Spanish
Description: Minneapolis: Jump!, Inc., [2022]
Series: Vehículos al rescate | Translation of: Ambulances.
Audience: Ages 5–8 | Audience: Grades K–1
Identifiers: LCCN 2020055082 (print)
LCCN 2020055083 (ebook)
ISBN 9781636901718 (hardcover)
ISBN 9781636901725 (paperback)
ISBN 9781636901732 (ebook)
Subjects: LCSH: Ambulance service—Juvenile literature.
Ambulances—Juvenile literature.
Classification: LCC RA995 .H3718 2022 (print)
LCC RA995 .H3718 2022 (ebook) | DDC 362.18/8—dc23

Editor: Jenna Gleisner
Designer: Molly Ballanger
Translator: Annette Granat

Photo Credits: iStock, cover, 19 (foreground); Giuliano Del Moretto/Shutterstock, 1; Ruletka/Dreamstime, 3, 23tr; GuoZhongHua/Shutterstock, 4 (background); Kaew LIVER/Shutterstock, 4 (foreground); Ceri Breeze/Shutterstock, 5; blurAZ/Shutterstock, 6–7; Robert Crum/Shutterstock, 8–9; ollo/iStock, 10, 22 (ambulance); Nuroon Jampaklai/Shutterstock, 11, 23bl; kali9/iStock, 12–13, 16–17, 23br; Tashi-Delek/iStock, 14–15; HodagMedia/Shutterstock, 18; Spiroview Inc/Shutterstock, 19 (background), 23tl; FangXiaNuo/iStock, 20–21; Shutterstock, 22 (supplies).

Printed in the United States of America at Corporate Graphics in North Mankato, Minnesota.

# Tabla de contenido

# ¡De prisa!

¡Wii-uu! ¡Wii-uu!
¿Qué es ese sonido?

¡Es una ambulancia!

Sus sirenas son ruidosas.

Sus luces se encienden
y se apagan rápidamente.

luz

Los carros
se apartan.

La ambulancia
tiene prisa.

¿Por qué?

# Hubo un accidente.

La ambulancia llega
ahí rápidamente.

Sus puertas de
atrás se abren.

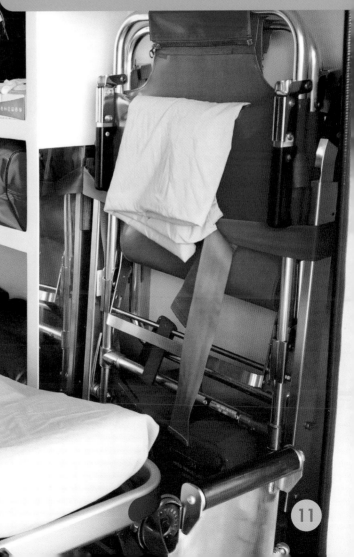

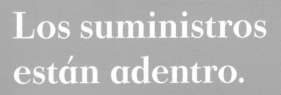

Los suministros
están adentro.

técnicos de
emergencia
médica

Los técnicos de emergencia médica ayudan.

Se aseguran de que todos estén bien.

Los técnicos de emergencia médica suben a una persona en camilla.

camilla

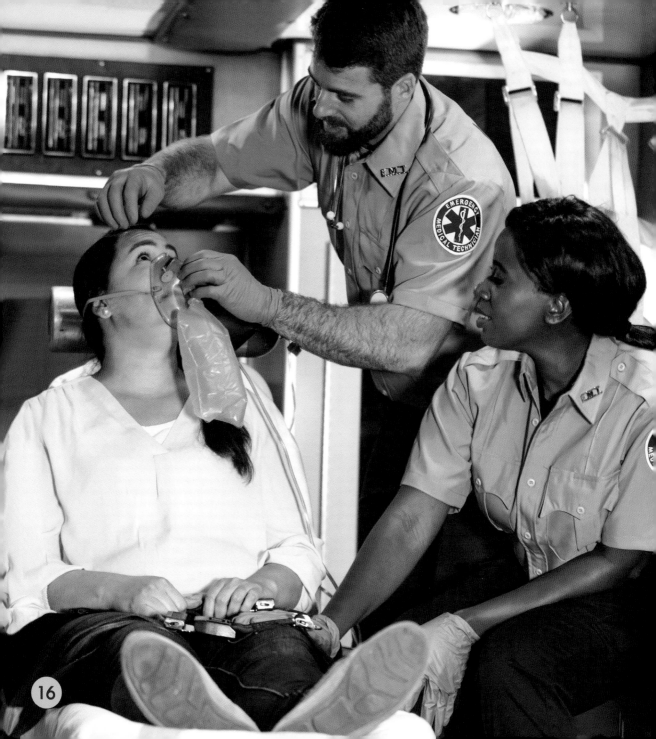

Los técnicos
de emergencia
médica también
se sientan atrás.

Ellos cuidan a la
persona lastimada
o enferma.

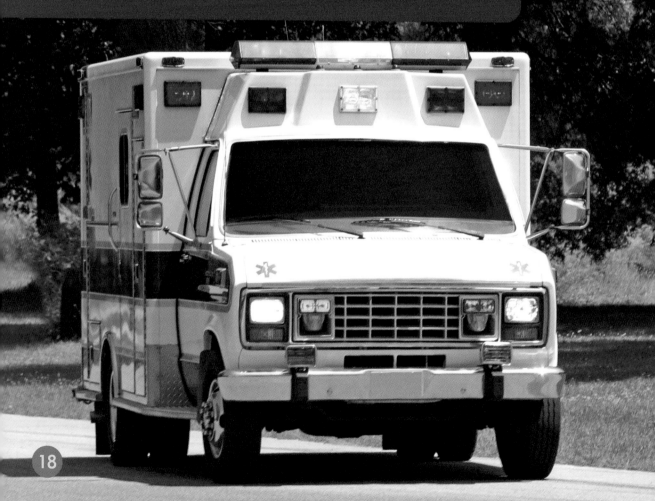

Un técnico de emergencia médica maneja.

¡Y se van!

18

¿Adónde?

¡Al hospital!

EMERGENCY

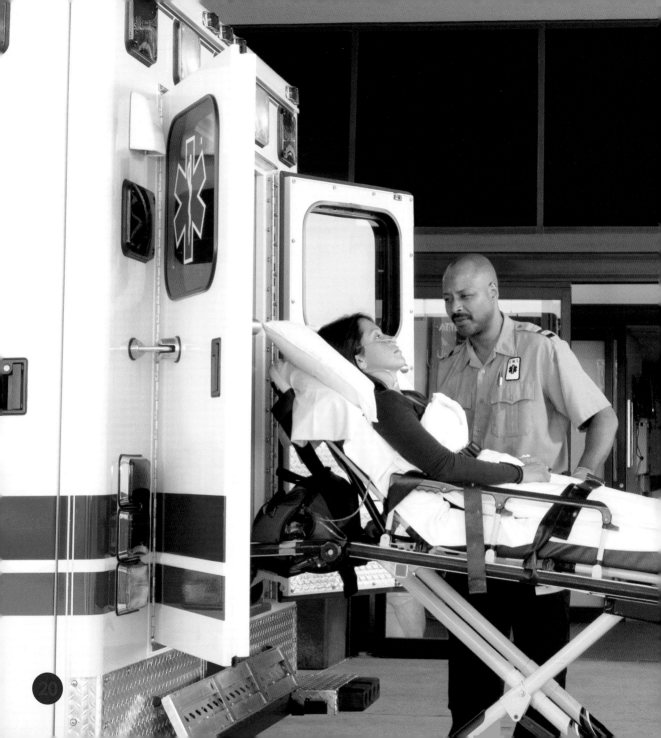

Los técnicos de emergencia
médica bajan a la persona.

La ambulancia hace
su trabajo.

¡Gracias!

# Dentro de una ambulancia

¡Échales un vistazo a algunos de los suministros que hay dentro de una ambulancia!

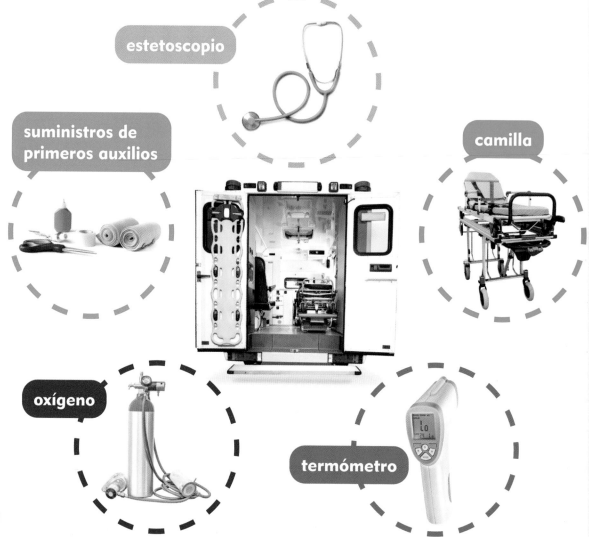

estetoscopio

suministros de primeros auxilios

camilla

oxígeno

termómetro

**hospital**
Un lugar donde tratan a la
gente lastimada y enferma.

**sirenas**
Aparatos de alerta que
hacen ruidos fuertes.

**suministros**
Cosas que se necesitan
para un trabajo particular.

**técnicos de emergencia médica**
Gente entrenada para tratar
a gente lastimada o enferma
en camino al hospital.

# Índice

# Para aprender más

**FACT SURFER**

**Aprender más es tan fácil como contar de 1 a 3.**

❶ Visita www.factsurfer.com

❷ Escribe "lasambulancias" en la caja de búsqueda.

❸ Elige tu libro para ver una lista de sitios web.